BEI GRIN MACHT SICH
WISSEN BEZAHLT

- Wir veröffentlichen Ihre Hausarbeit,
  Bachelor- und Masterarbeit

- Ihr eigenes eBook und Buch -
  weltweit in allen wichtigen Shops

- Verdienen Sie an jedem Verkauf

Jetzt bei www.GRIN.com hochladen
und kostenlos publizieren

Multisensorisches Marketing und dessen Grenzen im Bereich des Online-Marketings

Madeleine Hartleff

Bibliografische Information der Deutschen Nationalbibliothek:

Die Deutsche Nationalbibliothek verzeichnet diese Publikation in der Deutschen Nationalbibliografie; detaillierte bibliografische Daten sind im Internet über http://dnb.d-nb.de abrufbar.

ISBN: 9783346287809
Dieses Buch ist auch als E-Book erhältlich.

© GRIN Publishing GmbH
Nymphenburger Straße 86
80636 München

Druck und Bindung: Books on Demand GmbH, Norderstedt Germany
Gedruckt auf säurefreiem Papier aus verantwortungsvollen Quellen

Das Buch bei GRIN: https://www.grin.com/document/947186

Multisensorisches Marketing und dessen Grenzen im Bereich des Online-Marketing

Hausarbeit

im Fach Allgemeine Psychologie I

an der

SRH Fernhochschule – The Mobile University, Riedlingen

Verfasserin: **Madeleine Hartleff**

Inhaltsverzeichnis

Aufgabenstellung

Die Aufgabenstellung wurde aus urheberrechtlichen Gründen durch das Lektorat entfernt.

1 Einleitung

Täglich erreichen uns zwischen 3.000 und 13.000 Werbebotschaften (Hartmann & Haupt, 2014, S. 27). Es lässt sich somit sagen, dass Werbung uns gefühlt immer und überall erreicht. Sei es als Kunde im örtlichen Einkaufsmarkt, beim Onlineshopping oder in unseren eigenen Kühlschrank. Viele solcher Werbekampagnen nehmen wir gar nicht bewusst wahr, zum Beispiel Werbung aus dem Radio- oder Fernsehprogramm oder der Zeitung (Hartmann & Haupt, 2014, S. 27; Kotler, Armstrong, Wong & Saunders, 2011, S. 37). Die Beiersdorf AG hat im Jahr 2019 seine Pflegelotion-Linie um NIVEA Sensual erweitert. Laut einem Artikel in der Zeitschrift Lebensmittel Praxis möchte der Konzern mit diesem Körperpflegeprodukt dem Konsumenten ein multisensorisches Erlebnis bieten, dass nicht nur die Haut verwöhnt, sondern auch die Sinne (Röttig, 2019, S. 82). Dabei stellt sich die Frage, was ein multisensorisches Erlebnis ist und was unsere anderen Sinne, außer der Haut, damit zu tun haben.

In dieser Arbeit sollen die einzelnen Formen der Sinneswahrnehmung und deren Bedeutung für den Einsatz in Marketingmaßnahmen erläutert werden. Weiterhin wird der Nutzen von multisensorischem Marketing anhand eines Markenkonzeptes vorgestellt. Zum Abschluss werden in diesem Zusammenhang die Grenzen des Online-Marketing diskutiert.

Im zweiten Kapitel der Arbeit werden die theoretischen Grundlagen zur Sinneswahrnehmung geschaffen. Dafür wird kurz definiert, was Wahrnehmung ist und wie diese in groben Zügen abläuft. Anschließend werden die einzelnen Formen der Sinneswahrnehmung besprochen. Das dritte Kapitel startet mit einer Definition des Begriffes Marketing. Aufbauend auf das zweite Kapitel werden anschließend die fünf Sinnesmodalitäten in Bezug auf das Marketing erläutert. Anschließend erfolgt im vierten Kapitel eine Erläuterung des Konstruktes multisensorisches Marketing. Anschließend wird in diesem Passus ein multisensorisches Markenkonzept am Beispiel eines Gesellschaftsspiels vorgestellt. Im fünften Kapitel erfolgt eine kritische Diskussion zu den Ergebnissen dieser Arbeit vor dem Hintergrund des Online-Marketings. Abschließend erfolgt im sechsten Kapitel ein kurzes Fazit und ein Ausblick auf mögliche folgende Forschungsfragen.

2 Wahrnehmung und die Formen der Sinneswahrnehmung

Im Volksmund wird gesagt, dass ein Mensch nur seinen eigenen Augen trauen kann. Nach Sokolowski (2013) meint der Volksmund damit, dass nur die eigene Wahrnehmung, egal über welchen unserer Sinne, über die Existenz von Objekten bestimmen kann (S. 69). Bei dieser Aussage stellt sich die Frage, was Wahrnehmung eigentlich ist und wie Wahrnehmung funktioniert. Diese beiden Fragen werden in diesem Kapitel beantwortet. Anschließend werden die einzelnen Sinnesmodalitäten kurz vorgestellt.

Wahrnehmung ist ein komplexer Prozess, der es Menschen ermöglicht Informationen über sich selbst, wie zum Beispiel die eigene Körperstellung im Raum, und die eigene Umwelt zu verarbeiten (Kroeber-Riel, Weinberg & Gröppel-Klein, 2009, S. 320; Strobach & Wendt, 2019, S. 7). Dazu benötigt der Organismus das Sinnessystem. Dieses stellt die Informationen bereit, um die wahrgenommenen Eindrücke anschließend durch das Gehirn organisieren und interpretieren zu können (Hagendorf, Krummenacher, Müller & Schubert, 2011, S. 5). Das wiederum heißt, dass es ohne den Prozess der Wahrnehmung für ein Individuum nicht möglich wäre den eigenen Körper zu steuern oder mit der äußeren Umwelt zu interagieren (Kiesel & Koch, 2018, S. 37). Der Wahrnehmungsprozess ist für Mensch und Tier ein lebensnotwendiger Mechanismus, da die Sinnesreize zum Beispiel vor Gefahren warnen können (Gerrig, 2016, S. 112). Die Wahrnehmung ist ein Prozess der sich unserer kognitiven Kontrolle entzieht und somit nicht direkt beeinflussbar ist (Hagendorf et al., 2011, S. 5).

2.1 Prozess der Sinneswahrnehmung

Der Wahrnehmungsprozess ist sehr kompliziert und entzieht sich häufig unseren bewussten Erleben (Goldstein, 2010, S. 3). Der Wahrnehmungsprozess muss aus eine Menge von unterschiedlichsten Informationen diejenigen herausfiltern, die für den Moment als relevant erscheinen (Hagendorf et al., 2011, S. 5). Während diesen Ablaufs werden durch unsere Sinnesorgane physikalische Reize, wie Lichtsignale oder mechanische Schwingungen, in elektrische Impulse von Nervenzellen umgewandelt (Spering & Schmidt, 2009, S. 5). Ohne diesen Prozess wäre es uns nicht möglich zum Beispiel diesen Text zu lesen (Hagendorf et al., 2011, S. 5). Da ein Individuum sehr schnell und mühelos ein bereits bekanntes Objekt erkennen kann (Kiesel & Koch, 2018, S. 71), stellt sich die Frage, wie dies genau abläuft.

Nach Goldstein (2010) verläuft der Wahrnehmungsprozess in mehreren Schritten ab (S. 4). Zusammenfassend lässt sich der Prozess nach Goldstein (2010) wie folgt darstellen: Es gibt eine Vielfalt an verfügbaren Stimuli, aus denen ein Stimulus wahrgenommen wird und anschließend die Aufmerksamkeit einer Person erhält. Dieser beachtete Stimulus wird durch das wahrnehmende Sinnesorgan transformiert. In der Literatur wird dieser Schritt der Umwandlung als Transduktion beschrieben. Anschließend findet eine neuronale Verarbeitung statt aus der die eigentliche Wahrnehmung resultiert. Zwischen diesen Schritt findet ein Abgleich mit bereits vorhandenen Wissen im Gedächtnis statt (Goldstein, 2010, S. 4-8). Das Erkennen eines Objektes und die daraus folgende Handlung ist zusätzlich von den Erwartungen, die ein Individuum hat, abhängig (Kiesel & Koch, 2018, S. 71, 2018, S. 74). Um diesen Effekt zu beschreiben wird in der Wahrnehmungspsychologie zwischen Bottom-up-Verarbeitung und Top-down-Verarbeitung unterschieden (Goldstein, 2010, S. 8). Unter der Bottom-up-Verarbeitung wird ein Prozess verstanden, der auf eingehenden, sensorischen Daten beruht (Gerrig, 2016, S. 155). Diese physikalischen Daten werden anschließend, wie zuvor beschrieben verarbeitet (Goldstein, 2010, S. 8). Die Top-down-Verarbeitung hingegen findet unter anderem statt, wenn Reize nur ungenügend aufgenommen werden können und aufgrund dessen unvollständig sein können (Sokolowski, 2013, S. 85). Dadurch wird eine Wahrnehmung konstruiert, in dem auf das bereits vorhandene Wissen zurückgegriffen wird (Myers, 2014, S. 235). Die Top-down-Verarbeitung findet ebenso statt, wenn gewisse Erwartungen durch Motivationen oder Emotionen bestehen (Wendt, 2014, S. 177). Nach dem bewussten Wahrnehmen folgt das Erkennen, woraus anschließend eine Handlung resultiert (Goldstein, 2010, S. 6-7).

2.2 Formen der Sinneswahrnehmung

Die Formen der Sinneswahrnehmung sind abhängig davon, welche Wahrnehmungsorgane bei einem Organismus vorhanden sind (Becker-Carus & Wendt, 2017, S. 75). Beim Menschen werden die Sinnesmodalitäten Sehen, Hören, Tasten, Schmecken und Riechen unterschieden (Becker-Carus & Wendt, 2017, S. 75) sowie die Körperposition – Kinästhesie und Körperbewegung – sowie der Gleichgewichtssinn (Myers, 2014, S. 282). Aufgrund der engen Fragestellung konzentriert sich diese Arbeit nur auf die fünf erstgenannten Sinne. Die Wahrnehmung über die Sinnesrezeptoren geschieht über vier verschiedene Hauttypen (Rezeptoren) (Becker-Carus & Wendt, 2017, S. 76): Fotorezeptoren, die Licht wahrnehmen, Mechanorezeptoren, die Schall,

Berührungen und Druck wahrnehmen, Chemorezeptoren, die zu Geruchs- und Geschmacksempfindungen führen sowie Thermorezeptoren, die auf Temperaturänderungen reagieren.

2.2.1 Visuelle Sinnesmodalität

Bei uns Menschen ist die Sehfähigkeit nicht nur die komplexeste Sinnesmodalität, sondern auch die am höchsten entwickelte (Gerrig, 2016, S. 119). Menschen können Wellenlängen in einem Bereich von circa 400 bis 700 Nanometern wahrnehmen und dadurch Farben erleben (Sokolowski, 2013, S. 75). Dabei wird das Spektrum in drei Bereiche eingeteilt (Kiesel & Koch, 2018, S. 49): kurzwelliges Licht erscheint blau, mittelwelliges Licht erscheint grün und langwelliges Licht erscheint rot. Aus diesen drei Bereichen, die sich über das komplette Lichtspektrum wie die Farben des Regenbogens abbilden lassen, kann ein Individuum in etwa eine halbe Millionen Farbnuancen unterscheiden (Sokolowski, 2013, S. 71, 2013, S. 75). Davon können Menschen aber wiederum nur ungefähr 150 Farben mit einem Namen benennen (Sokolowski, 2013, S. 71). Daneben gibt es noch andere Spektren, die für den Menschen nicht wahrnehmbar sind (Sokolowski, 2013, S. 75). Weiterhin lässt sich feststellen, dass Farben als solches nicht existieren, sondern Produkte der Interpretation unseres Sinnessystems sind (Becker-Carus & Wendt, 2017, S. 97; Gerrig, 2016, S. 126).

Ein weiteres Produkt der Interpretation unseres Sinnessystems ist die Wahrnehmung von Tiefe bzw. das dreidimensionale oder räumliche Sehen. Auf der Retina wird nur ein zweidimensionales Bild empfangen (Becker-Carus & Wendt, 2017, S. 105). Daraus folgt, dass die Angaben über die Tiefe, das heißt die Spanne zwischen zwei oder mehr Objekten, erst durch das Gehirn ermittelt werden muss (Kiesel & Koch, 2018, S. 54). Nach Kiesel und Koch (2018) werden dafür vom Gehirn verschiedene Tiefenkriterien genutzt. Zum einen werden Objekte, die von anderen Dingen verdeckt werden als verhältnismäßig näherstehend wahrgenommen. Hingegen werden Objekte, die ähnlich groß sind, aber näher an der Sichtgrenze sind, als weiter weggesehen. Hinzu kommt, dass umso entfernter ein Objekt ist, desto schlechter kann es gesehen werden, weil die Lichtstreuung aufgrund von Dunst- und Schmutzpartikeln den Reflexionsgrad verringert (Kiesel & Koch, 2018, S. 54, 2018, S. 56). Ein weiterer wichtiger Punkt nach Kiesel und Koch (2018) ist, dass durch die Bewegung des Beobachters sich das Abbild auf der Retina verändert. Hierbei ist anzumerken, dass weitentfernte Dinge sich weniger stark bewegen, wie nahe gelegene

Objekte (Kiesel & Koch, 2018, S. 56). Außerdem weisen Becker-Carus und Wendt (2017) daraufhin, dass ein Mensch mit nur einen Auge in der Lage ist dreidimensional zu sehen. Dies ist über die monokulare Tiefenwahrnehmung möglich. Dafür rekonstruiert das Gehirn aus den wahrgenommenen Details die räumliche Tiefe (Becker-Carus & Wendt, 2017, S. 105).

2.2.2 Auditive Sinnesmodalität

Ein Mensch kann ungefähr 400.000 Töne unterscheiden (Sokolowski, 2013, S. 71). Dabei ist das Hören ein wichtiger Sinn, der nach Gerrig (2016) komplementär zum Sehen ist. Das heißt, dass oftmals ein Reiz gehört wird, bevor er in das Sichtfeld einer Person rückt. Dabei können Töne zum Beispiel im Rücken der wahrnehmenden Person sein. Töne können ebenso undurchsichtige Dinge, wie Wände durchdringen (Gerrig, 2016, S. 129). Aufgrund dieser Eigenschaft werden die Ohren als Fernsinnorgan bezeichnet (Becker-Carus & Wendt, 2017, S. 158). Das Gehör kann aber nicht nur verschiedene Töne wahrnehmen, sondern diese faktisch unterschiedlichen Schallquellen zuordnen und somit Objekte identifizieren (Wendt, 2014, S. 264). Auditive Eindrücke entstehen, laut Wendt (2014), dadurch, dass die entstehenden Schwingungen zu Druckschwankungen in der Luft führen. Diese Druckschwankungen werden dann als Schallwellen bezeichnet, die wiederum vom Ohr aufgenommen werden und anschließend zum Wahrnehmen und Erleben eines Lauts oder Klangs führen (Wendt, 2014, S. 248). Da der Mensch die Fähigkeit zum 360°-Hören besitzt, kann er durch die Wahrnehmung der Schallwellen im Ohr identifizieren aus welcher Richtung ein Geräusch oder Ton kommt (Wendt, 2014, S. 262). Weiterhin werden durch das Gehör Geräuschanteile, deren Quelle am selben Ort wahrgenommen wurde, als ein Geräusch empfunden (Wendt, 2014, S. 264).

Das menschliche Gehör kann reine Töne in einem Frequenzbereich zwischen 20 Hertz und 20.000 Hertz wahrnehmen, Frequenzen die unter 20 Hertz liegen werde nicht mehr als Ton sondern nur noch als Vibration durch den Menschen wahrgenommen (Gerrig, 2016, S. 130). Im Alter sinkt die wahrnehmbare obere Hörfrequenz jedoch signifikant (Nölke & Gierke, 2011, S. 101). Weiterhin schreibt Gerrig (2016), dass Geräusche keine Töne im eigentlichen Sinn sind. Geräusche sind eine Komposition aus verschiedenen Grundfrequenzen, die in keiner Beziehung zueinander stehen (Gerrig, 2016, S. 131). Am besten hören Menschen jedoch menschliche Stimmen und schwache Geräusche, wie etwa das Wimmern eines Kindes (Myers, 2014, S. 266). Dabei ist hervorzuheben, dass ein

9

Mensch die Stimme einer anderen ihn bekannten Person unter vielen anderen Stimmen gut herausfiltern kann (Myers, 2014, S. 266).

2.2.3 Haptische Sinnesmodalität

Die Haut ist nicht nur das größte Sinnesorgan des Menschen, sondern das Sinnesorgan, dem wir den Vorrang vor allen anderen Sinnesorgangen geben (Hagendorf, 2011, S. 141; Myers, 2014, S. 271). Nach Wendt (2014) enthält unsere Haut verschiedene Rezeptoren, die unterschiedliche Funktionen ausüben. Die Hautsinne werden in den Tastsinn, den Temperatursinn sowie den Schmerzsinn unterteilt (Hagendorf, 2011, S. 142). Diese Rezeptoren sind auf der kompletten Körperoberfläche verteilt (Wendt, 2014, S. 265). Je nachdem wo ein Mensch berührt wird, ist die Empfindung ganz unterschiedlich (Myers, 2014, S. 271). An der Fingerkuppe kann die Position eines Kontaktes zehnmal genauer bestimmt werde, als zum Beispiel am Rücken (Gerrig, 2016, S. 138). Die Empfindungen sind aber nicht nur für die einzelnen Körperregionen unterschiedlich, sondern, laut Myers (2014) ,ebenso abhängig von dem Berührungsobjekt. Eine Berührung mit einem weichen Haar spricht zum Beispiel andere Bereiche an als ein warmer oder kalter Draht oder die Spitze einer Nadel (Myers, 2014, S. 271). Dazu kommt, dass die Sensitivität bei Männern und Frauen unterschiedlich ist (Hagendorf, 2011, S. 143).

Nach Wendt (2014) sind im Bereich der Tastsinne die Mechanorezeptoren für die verschiedenen Arten von Druckeinwirkungen sensibel. Dies wird benötigt, wenn aus einer Tasche zum Beispiel der Schlüsselbund herausgeholt werden soll. Diese Rezeptoren benötigt ein Mensch ebenso, um seine Kraft bei dem Umschließen eines Glases richtig einzuteilen. Zum einen soll das Glas nicht zu Boden fallen, auf der anderen Seite soll es nicht in der Hand zerspringen (Wendt, 2014, S. 265). Hagendorf (2011) beschreibt, dass für den Temperatursinn, die Wärme- und die Kälterezeptoren zum Einsatz kommen. Die Wärmerezeptoren informieren ein Individuum über Temperaturänderungen, die wärmer sind als die eigene Körpertemperatur. Diese Rezeptoren werden zum Beispiel aktiv, wenn ein kleines Kind auf eine heiße Herdplatte greift. Hingegen zeigen die Kälterezeptoren eine Verringerung der Hauttemperatur an, damit es nicht zu Erfrierungen kommt (Hagendorf, 2011, S. 143). Wie bei den beiden anderen Hautsinnen, ist das Empfinden von Schmerz zwischen den einzelnen Individuen unterschiedlich (Hagendorf, 2011, S. 145).

Weiterhin beschreibt Hagendorf (2011), dass es für die Wahrnehmung einer Form oder Oberfläche eines Objektes einen aktiven Prozess bedarf. Das heißt die Aufmerksamkeit muss bereits auf diesen Prozess gerichtet sein, um mit den Händen einen Gegenstand zu untersuchen. Diese Verarbeitungsform der verschiedenen Rezeptoren wird Haptik genannt (Hagendorf, 2011, S. 147).

2.2.4 Gustatorische Sinnesmodalität

Der Geschmack und der Geruch sind chemische Sinne (Hagendorf, 2011, S. 150). Auf der Zunge eines Individuums befinden sich über 200 Geschmacksknospen, die auf fünf unterschiedlich schmeckende Moleküle reagieren (Myers, 2014, S. 277). Diese Grundempfindungen sind salzig, sauer, bitter, süß sowie umami (Chaudhari, Landin & Roper, 2000; Henning, 1915; beide zitiert nach Hagendorf, 2011, S. 151). Laut Hagendorf (2011) ist die Geschmackswahrnehmung von unterschiedlichen Faktoren abhängig. Zum einen kommt es darauf an, wo der chemische Reiz die Zunge trifft, da die Geschmacksrezeptoren an unterschiedlichen Stellen auf der Zunge liegen. Ein weiterer Punkt ist die Temperatur. Warme Speisen verbessern die Wahrnehmung für die Empfindungen von süß, hingegen nimmt die Wahrnehmung von bitteren und salzigen Eindrücken ab. Die Wahrnehmung von sauer bleibt von der Temperatur unbeeinflusst (Hagendorf, 2011, S. 151–152).

Um den Geschmack von Speisen überhaupt wahrnehmen zu können, müssen diese zuvor im Mund zerkleinert werden. Anschließend erfolgt durch ein Zusammenspiel der fünf Sinne die Wahrnehmung des eigentlichen Aromas eines Nahrungsmittels (Hagendorf, 2011, S. 150). Dabei können die eigenen Erwartungen den Geschmack und das Aroma beeinflussen (Myers, 2014, S. 277). Ebenso hat die Farbe des Nahrungsmittels einen Einfluss darauf, was eigentlich geschmeckt wird (Hagendorf, 2011, S. 152). Laut Hagendorf (2011) ist die Geschmacksempfindung jedoch zu 80 % vom Riechen abhängig. Der Grund hierfür ist, dass beim Zerkleinern der Nahrung im Rachenraum die Aromastoffe erwärmt werden und so an die Rezeptoren der Nase gelangen (Hagendorf, 2011, S. 152, 2011, S. 153).

2.2.5 Olfaktorische Sinnesmodalität

Beim Riechen müssen die Rezeptoren für eine bewusste Wahrnehmung des Geruchs durch chemische Moleküle gereizt werden (Hagendorf, 2011, S. 154). Dabei reichen nach Gerrig (2016) bereits acht Moleküle eines Mediums, um einen Nervenimpuls auszulösen. Jedoch müssen beim Menschen mindestens 40 Nervenendigungen gereizt werden, damit es zu einer Wahrnehmung des Geruchsstoffes kommen kann (Gerrig, 2016, S. 135). Erstaunlich ist, dass der Mensch vermutlich 10.000 Gerüche voneinander unterscheiden kann (Sokolowski, 2013, S. 71). Auf der anderen Seite kann ein ungeübtes Individuum nur einen Bruchteil der einzelnen Duftstoffe mit einem Wort beschreiben (Myers, 2014, S. 280). Ein Kaffee, zum Beispiel, besteht aus einer Komposition von 500 verschiedenen Duftstoffen (Hagendorf, 2011, S. 155). Wie beim Kaffee werden durch den Menschen die meisten Gerüche als Gesamtwahrnehmung erfasst, die einzelnen Bestandteile können aber nicht benannt werden (Hagendorf, 2011, S. 155, 2011, S. 156). Wie bei den haptischen Sinnesmodalitäten gibt es bei den olfaktorischen Sinnesmodalitäten ebenfalls Unterschiede zwischen den Geschlechtern. Hagendorf (2011) beschreibt, dass Frauen in der Regel besser riechen als Männer. Durch Rauchen wiederrum wird das Wahrnehmen von Gerüchen erschwert bzw. die Konzentration des Geruches muss höher sein, damit dieser wahrgenommen wird. Dieser Aspekt liegt ebenfalls vor, wenn ein Geruch bereits bekannt ist. Neue, unbekannte Gerüche bedürfen einer deutlich niedrigeren Konzentration um durch das Individuum wahrgenommen zu werden, wie bereits bekannte Gerüche. Der Grund dafür ist, dass die Rezeptoren in der Nase hauptsächlich auf Änderungen in der Molekülzusammensetzung reagieren. Im Regelfall dauert es circa 20 Minuten bis ein Molekül durch eine Person nicht mehr gerochen wird (Hagendorf, 2011, S. 155, 2011, S. 156, 2011, S. 157). Außerdem ist zu erwähnen, dass der Mensch in der Lage ist auch Gerüche aus weiterer Entfernung wahrzunehmen (Becker-Carus & Wendt, 2017, S. 170).

Abschließend lässt sich noch feststellen, dass Gerüche für den Menschen eine große Auswirkung auf das Gefühlserleben haben (Sokolowski, 2013, S. 71). Zum Beispiel entscheiden Gerüche über Gefühle wie Lust oder Ekel, Sympathie oder Antipathie aber auch Genuss oder Ablehnung (Hagendorf, 2011, S. 154).

2.3 Zusammenfassung

Die Wahrnehmung ist ein sehr komplexer Prozess, der sich dem aktiven Bewusstsein entzieht und deshalb außerhalb der Kognition stattfindet. Für den Wahrnehmungsprozess

12

muss immer mindestens ein Stimulus zugrundliegen, der die eigene Beachtung findet und entsprechend neuronal verarbeitet wird. In dieser Arbeit wurde sich auf die fünf Sinnesformen sehen, hören, tasten, schmecken und riechen konzentriert. Dabei treffen beim Sehen Lichtwellen auf das Auge, die verarbeitet werden. Beim Hören treffen Schallwellen auf das äußere Ohr. Der Tastsinn kommt zum Einsatz durch Druck, Wärme oder Kälte auf der Haut. Chemische Moleküle im Mund sind für den Geschmack verantwortlich. Und der Geruchssinn wird durch chemische Moleküle, die über die Nase eingeatmet werden, aktiv.

3 Marketing und die Formen der Sinneswahrnehmung

Im vorherigen Kapitel wurde erläutert was Wahrnehmung ist und wie der Prozess der Wahrnehmung abläuft. Anschließend wurden die fünf relevanten Sinnesmodalitäten für das Marketing näher betrachtet. In diesem Kapitel soll die Bedeutung dieser Sinne für das Marketing erarbeitet werden. Da alle Menschen irgendwie etwas über Marketing wissen (Kotler et al., 2011, S. 37), wird im Folgenden kurz erläutert, wie die Literatur Marketing definiert. Anschließend werden die Konzepte der klassischen Kommunikation von denen des Online-Marketings abgegrenzt, um eine Grundlage für die weitere Arbeit zu schaffen. Das Hauptaugenmerk des Kapitels liegt auf der Beschreibung der Sinnmodalitäten in Bezug auf das Marketing.

3.1 Marketing – eine Begriffsbestimmung

Zu Beginn wurde, laut Kotler und Kollegen (2009), Marketing bei Konsumgütern des täglichen Bedarfs eingesetzt und immer weiter ausgebaut. Es kann festgestellt werden, dass heute jeder Marketing verwendet, der an den Konsumenten herantreten möchte. Dabei ist es egal, ob es um Gebrauch- oder Konsumgüter, eine Versicherung ist, eine individuelle Gesundheitsleistung beim Arzt oder eine Non-Profit-Organisation (Kotler et al., 2011, S. 37). Nach Nölke und Gierke (2011) betreibt jeder Marketing. Marketing ist nicht nur die Beschaffenheit eines Produktes, wie zum Beispiel die Form und Farbe oder der Geruch und der Geschmack, sondern spiegelt sich ebenso in der Kommunikation zwischen den verschiedenen Interessengruppen eines Unternehmens wider. Daraus lässt sich frei nach Paul Watzlawick feststellen: „Man kann nicht nicht Marketing machen" (Nölke & Gierke, 2011, S. 16). Weiterhin kann den Ausführungen entnommen werden, dass Marketing mehr ist als nur Verkaufen und Werbung. Nach Schnödt (2014) bezieht sich Marketing auf alle Handlungen eines Unternehmens, die auf die Erfüllung von Käuferwünschen ausgerichtet sind (S. 38). Kotler und Kollegen (2011) weißen darauf hin, dass Marketing über den kompletten Produktlebenszyklus stattfindet. Bereits bevor die Produktidee hervorgebracht wurde, beginnt für das Unternehmen die Aufgabe die Bedürfnisse des Marktes zu analysieren. Im Laufe der Produktlebenszyklen bedarf es immer wieder einer Orientierung am Markt, um herauszufinden, was dieser fordert, wo es neue Kunden gibt und wo Verbesserungspotenzial besteht (Kotler et al., 2011, S. 38). Dabei befasst sich Marketing mit vier verschiedenen Instrumenten, die auch als Marketingmix bezeichnet werden: produkt- und programmpolitische Entscheidungen (Programmgestaltung, Produktinnovation, Produktvarianzen und -differenzierung), preispolitische Entscheidungen (Preis, Boni, Rabatte), distributionspolitische Entscheidungen (externe und interne Standortpolitik sowie Vertriebskanäle) und kommunikationspolitische Entscheidungen (Werbung, Eventmarketing, Verkaufsförderung) (Meffert, Burmann, Kirchgeorg & Eisenbeiß, 2019, S. XIII-XVI; Schnödt, 2014, S. 39).

In der Kommunikationspolitik wird unter anderem zwischen der klassischen und der Online-Kommunikation unterschieden. Die klassische Kommunikation um fasst nach Meffert und Kollegen (2019) unter anderem Werbung über die Massenmedien, wie Zeitungen und Zeitschriften, Hör- und Rundfunk, aber auch Außenwerbung, die im öffentlichen Raum wahrgenommen werden kann (Meffert et al., 2019, S. 655, S. 657, S. 665).

Die Online-Kommunikation wird von Meffert und Kollegen (2019) als eine Aktivität beschrieben, die im Internet abläuft. Das heißt die Kommunikation zwischen Anbieter und Nachfrager findet über verschiedene Online-Kommunikationsinstrumente statt. Das einfachste Medium ist dabei die firmeneigene Website. Weitere wichtige Kommunikationswege im Internet sind das E-Mail-Marketing, die Display-Werbung, das Affiliate-Marketing, die Suchmaschinenwerbung und die Suchmaschinenoptimierung (Meffert et al., 2019, S. 702, 2019, S. 703–704). Die Kommunikation über die Sozialen Medien gehört nach Meffert und Kollegen (2019) nicht zur Kategorie der Online-Kommunikation (S. 705).

3.2 Bedeutung der einzelnen Sinnesformen für das Marketing

Von den vielen dargebotenen Informationen des Marketing nimmt der Konsument gerade mal fünf Prozent bewusst auf, die restlichen 95 % laufen unbewusst ab (Raab, Gernsheimer & Schindler, 2013, S. 17). Durch die Masse an Werbung ist es zudem deutlich schwieriger geworden über die Marketingkanäle an die Konsumenten heranzutreten (Kilian, 2010, S. 42). Dies muss beachtet werden, wenn eine Markenkonzept gestaltet wird, da eine Marke immer das Ziel verfolgt wiedererkannt zu werden und bestimmte Emotionen bei dem Konsumenten auszulösen (Lindstrom, 2014, S. 187–188). Als eine mögliche Lösung bietet sich eine Ansprache der Kunden über alle fünf Sinne an, wobei dabei zu beachten ist, dass der Stellenwert der verschiedenen Sinne zwischen den Branchen unterschiedlich sind (Kilian, 2010, S. 42). Bei der Wahl der konkreten Ansprache eines Sinnes ist darauf zu achten, dass diese Art der Kommunikation den Wert der Marke ausdrückt (Lindstrom, 2014, S. 191). Wenn dabei mehrere Sinne angesprochen werden, ist es wichtig, dass die Ansprachen zusammen passen (Lindstrom, 2014, S. 186), wie später in Kapitel 4 zu lesen sein wird. Scharf, Schubert und Hehn (2015) schreiben, dass es für jedes Produkt verschiedene Produkteigenschaften gibt, die wiederum verschiedene Sinne ansprechen. Eine Verpackung enthält zum Beispiel verschiedene Informationen, die über das Auge wahrgenommen werden. Beim Öffnen der Verpackung wird über Schallwellen die auditiven Reize angesprochen. Außerdem wird ein Geruch verströmt, der durch die olfaktorischen Sinnesmodalitäten aufgenommen wird. Weiterhin wird die Packung beim Öffnen vermutlich in die Hände genommen und es entsteht eine Ansprache der haptischen Sinnesreize. Wenn in der Verpackung zum Beispiel Kekse sind, dann werden zudem noch die gustatorischen Sinne beim Schmecken angesprochen. Im Marketing wird bei der Sinnesansprache auch von abstrakten und konkreten Gestaltungsmitteln gesprochen. Zu den abstrakten Gestaltungsmittel gehören in dem genannten Beispiel die Inhaltsstoffe, der Herkunftsort und die Angabe der Nährstoffe. Hingegen gehören zu den konkreten Eigenschaften Dinge, wie die Oberflächenstruktur, die Farbe, der Geschmack und der Geruch (Scharf et al., 2015, S. 266). Im Nachfolgenden wird konkret auf die einzelnen sensorischen Codes und deren mögliche Nutzung im Marketing eingegangen.

3.2.1 Visuelles Marketing

Das Sehen ist seit Jahren eines der wirksamsten Instrumente für das Marketing und die Werbung. Dies kann nach Pawaskar und Goel (2014) zum Beispiel ein markantes Markenlogo sein, ein farbenfrohes Werbeplakat oder ein stillvolles Zeitschriftencover (S. 259). Für die Identifizierung einer Marke ist das Sehen somit einer der wichtigsten Sinne (Rupini & Nandagopal, 2015, S. 3). Durch die visuelle Gestaltung von Produkten haben die Unternehmen die Möglichkeit verschiedene abstrakte Informationen an den Kunden weiterzugeben (Scharf et al., 2015, S. 266). So führen Scharf und Kollegen (2015) neben dem Logo Dinge auf, wie verschiedene Symbole, die ein Produkt ausmachen. Dies kann bei Lebensmittel ein Bio-Symbol oder das Vegan-Symbol sein. Bei Kleidung der „Grüne Knopf". Weiterhin können ebenso Produkteigenschaften mitgeteilt werden, die erst nach der Öffnung des Produktes wahrnehmbar sind. Zum Beispiel können der Geruch oder der Geschmack bildlich und oder sprachlich auf der Verpackung abgebildet werden (Scharf et al., 2015, S. 267). Dabei ist darauf zu achten, dass ein Corporate Branding oder eine Corporate Identity verwendet wird. Die heißt nach Nölke und Gierke (2011), dass die Bildsprache, die ausgewählten Fotos aber auch die Schrift und die Farben stringent verwendet werden. Diese Anhaltspunkte des Corporate Branding helfen dem Kunden die Marke unter vielen anderen Marken wieder zu finden (Nölke & Gierke, 2011, S. 164–165). Weiterhin muss bei der Verwendung von visuellen Marketing auf die Zielgruppe geachtet werden, da Frauen und Männer, sowie junge und alte Menschen unterschiedliche Anforderungen an das Marketing stellen (Nölke & Gierke, 2011, S. 162, 2011, S. 163). Weiterhin ist zu beachten, dass jede Farbe negative und positive Assoziationen bei einem Menschen hervorrufen kann (Nölke & Gierke, 2011, S. 152). Beispiele für die Wahrnehmung von Farben und Materialien gibt Häusel (2014). Dieser beschreibt, dass Naturholz ein Gefühl der Geborgenheit und Wärme vermittelt. Hingegen wird mit farblich schrill gestalteten Plastik und Kunststoff schnelllebigkeit verbunden (Häusel, 2014, S. 220).

3.2.2 Auditives Marketing

Nölke und Gierke (2011) zeigen auf, dass jeder Mensch bestimmte akustische Signale mit bestimmten Reaktionen verbindet. So verspüren Menschen bei einem schrillen Ton einen natürlichen Fluchtreflex, dies wird zum Beispiel bei Feuer- oder Rauchmeldern genutzt. Hingegen führt das freudige Glucksen eines kleinen Kindes bei vielen Menschen zu einem Schutzinstinkt, die charmante oder erotische Stimme einer Frau oder eines Mannes kann hingegen sexuelle Instinkte wecken. Ein weiteres typisches Geräusch ist das Rascheln in einer Popcorntüte im Kino, das automatisch ein Hungergefühl weckt (Nölke & Gierke, 2011, S. 104). Diese Instinkte kann sich das Marketing zu eigen machen, in dem es zielorientierte auditive Einflüsse nutzt, um die Ansprechpartner in eine positive Stimmung zu versetzen und so die Geschäftsbeziehung zu fördern (Nölke & Gierke, 2011, S. 95). In der Automobilindustrie zum Beispiel wird seit Jahren an der akustischen Produktwahrnehmung geforscht (Scharf et al., 2015, S. 268). Häusel (2014) erklärt zu diesem Sachverhalt folgendes: Jeder Ton und Klang einer Botschaft, die an den Hörer gerichtet ist, kann die Qualität des Erzeugnisses erhöhen oder abschwächen (S. 224). Neben den bereits genannten Formen des Audio-Marketings gibt es weitere Module, wie zum Beispiel den Corporate Sound (Nölke & Gierke, 2011, 87-88). Der Corporate Sound kann zum Beispiel ein Jingle sein, der aus einfachen wiedererkennbaren Melodien und Textpassagen besteht. Dieser wird dann über alle Kommunikationskanäle hinweg verwendet und kann durch den Konsumenten zumeist bereits an den ersten Tönen erkannt werden, auch wenn dieser jahreszeitlich angepasst wird (Nölke & Gierke, 2011, S. 81–82, 2011, S. 79–80, 2011, S. 79; Rupini & Nandagopal, 2015, S. 3).

Bak (2019) beschreibt, dass auditives Marketing gut funktioniert, weil Musik mit starken emotionalen Empfindungen verbunden ist und dadurch gerne zur Emotionalisierung eingesetzt wird (S. 29). Abschließend ist zu erwähnen, dass Klänge je nach ihrer Tonart mit verschiedenen Adjektiven und Farben in Verbindung gebracht werden. Nölke und Gierke (2011) beschreiben, dass Dur-Tonarten als bunt und grell empfunden werden und Moll-Tonarten eher mit dunkleren, gesättigten Farben in Verbindung gebracht werden (S. 111).

3.2.3 Haptisches Marketing

Nölke und Gierke (2011) behaupten, dass haptische Wahrnehmung für den Konsumenten gleichbedeutend ist mit Wahrheit ist (S. 174). Hartmann und Haupt (2014) bestätigen dies in dem sie schreiben, dass Produkte zwar mit dem Auge angesehen werden können, aber die wahren Eigenschaften der Oberfläche und der Form nur mit Hilfe der Hände eines Menschen bestimmt werden können. Zum Beispiel kann durch das Sehen die Vermutung aufgestellt werden, dass ein Produkt aus Metall ist. Wenn dieses Produkt berührt wird, kann innerhalb von Sekunden herausgefunden werden, ob es sich tatsächlich im Metall handelt oder Kunststoff vorliegt. Es lässt sich somit festhalten, dass nur mit den Händen bestimmte Informationen, wie die Textur der Oberfläche, die Festigkeit und Struktur, die thermischen Eigenschaften oder das Gewicht eines Objektes bestimmt werden können (Hartmann & Haupt, 2014, S. 136). Im Einzelhandel ist es aufgrund dessen wichtig, dass es keine Verbotsschilder gibt, die das Anfassen von Produkten untersagen (Pawaskar & Goel, 2014, S. 262). In Studien konnte zum Beispiel gezeigt werden, dass das Anfassen von zum Beispiel Kleidung oder das Berühren von Produkten durch einen Touchscreen in den Menschen ein Gefühl von „Besitzen wollen" auslöst und somit den Kaufprozess positiv beeinflusst (Brasel & Gips, 2014; zitiert nach Bak, 2019, S. 28–29). Rupini und Nandagopal (2015) beschreiben weiterhin, dass das Gefühl einer glatten, seidigen Oberfläche einer Anzeige in einer Zeitschrift automatisch zu eine emotionale Bindung zu der beworbenen Marke führt (S. 4). Diese Art der Kommunikation ist nach Nölke und Gierke (2011) vor allem bei abstrakten Produkten, wie diversen Dienstleistungen, zum Beispiel aus dem Bereich der Versicherungen oder Finanzen von zentraler Bedeutung. Im Gegensatz zu einem Fahrrad kann eine Versicherung des Fahrrads nicht Probegefahren werden. Um Vertrauen zu diesem Produkt aufzubauen ist es deshalb von zentraler Bedeutung, dass durch haptische Effekte eine gewisse Qualität suggeriert wird. Dies kann unter anderem erreicht werden durch die Schwere des Klemmbretts auf dem die Unterlagen befestigt sind, oder die Qualität des Papiers auf die die Unterlagen gedruckt wurden, aber auch durch den Händedruck des Versicherungsmaklers (Nölke & Gierke, 2011, S. 181–182).

Es kann aber nicht nur mit den Händen gefühlt werden, sondern ebenso mit dem Mund und der Zunge. In der Lebensmittelindustrie wird deshalb ein besonderes Augenmerk auf die orale Textur von Lebensmitteln gelegt, da diese meist einen unbewussten Einfluss auf das Geschmackserlebnis hat (Häusel, 2014, S. 223).

3.2.4 Gustatorisches Marketing

Bereits im vorherigen Abschnitt wurde der Geschmack eines Produktes kurz angedeutet. Aber nicht nur bei Lebens- und Genussmitteln ist der Geschmack wichtig. Der Geschmack spielt auch bei Pharmaka und Körperpflegeprodukten eine besondere Rolle (Scharf, 2000; zitiert nach Scharf et al., 2015, S. 268). Rupini und Nandagopal (2015) beschreiben in ihren Artikel ebenfalls, dass der Geschmackssinn eng mit dem Tastsinn verbunden ist und unter anderem dafür verantwortlich ist, ob ein Gast in einen Restaurant zum Stammgast wird (S. 4).

18

Da die Geschmäcker sehr unterschiedlich sind und kulturell stärker geprägt sind als andere Bereiche gibt es kaum allgemeingültige Kategorien für das gustatorische Marketing (Nölke & Gierke, 2011; S. 137). Daraus lässt sich ableiten, dass die Entwicklung des Geschmacks deutlich individueller durch die Unternehmen gestaltet werden können, was sich wiederum in der Produktvielfalt in der Lebens- und Genussmittelbranche niederschlägt.

3.2.5 Olfaktorisches Marketing

Für den Menschen bedeutet atmen gleichzeitig auch riechen, weshalb manchen Gerüchen nicht ausgewichen werden kann (Knoblich, Scharf & Schubert, 2003, S. 1). Laut Häusel muss bei Gerüchen zwischen natürlichen und künstlichen Gerüchen unterschieden werden. Zu den natürlichen Gerüchen gehört zum Beispiel der Geruch von frisch gemahlenen Kaffee oder der Geruch von frisch gebackenem Brot. Diese Form der Gerüche wird durch den Menschen als positiv wahrgenommen und hat dadurch eine günstige Wirkung auf den Konsumenten. Meistens wird dieser positive Effekt durch die Person gar nicht bewusst wahrgenommen. Hingegen werden die eindimensionalen künstliche Gerüche als unangenehm und aufdringlich empfunden (Häusel, 2014, S. 222).

Es konnte zum Beispiel festgestellt werden, dass Gerüche den Kunden zu einer längeren Verweildauer und dadurch bedingt zu einer höheren Konsumierung von Produkten verleiten (Nölke & Gierke, 2011, S. 129–130). Dies hängt damit zusammen, dass Düfte die Kommunikation und die Bindung zu einen Produkt stärken, wenn sie für ein Wohlgefühl und Entspannung sorgen (Pawaskar & Goel, 2014, S. 260; Rupini & Nandagopal, 2015, S. 3–4). Ein weiterer Vorteil des Duftes ist die verbesserte Produktidentität des Kunden, da Gerüche zu sensorischen Erlebnissen beitragen (Rupini & Nandagopal, 2015, S. 3–4). Dies machen sich Unternehmen zum Beispiel zu nutzen, in dem sie Werbeanzeigen in Zeitschriften beduften oder duftende Briefe und Kataloge versenden (Knoblich et al., 2003, S. 97). Für dieses und andere Einsatzfelder gibt es mittlerweile Firmen, die für Unternehmen einen eigenen Corporate Scents entwickeln (Nölke & Gierke, 2011, S. 133). Dieser Duft kann dann zum Beispiel in der Eingangshalle einer Firma versprüht werden, oder wie bei Singapore Airlines in den Kabinen und als Parfüm für die Stewardessen verwendet werden (Spaeth, 2013).

Die größte Rolle spielt das olfaktorische Marketing jedoch immer noch im Bereich der Waschmittel und Haushaltsreiniger. In dieser Sparte soll der Geruch die gute

Reinigungsleistung nachvollziehbar für den Konsumenten machen (Scharf et al., 2015, S. 268).

3.3 Zusammenfassung

In diesem Kapitel ging es Rund um das Thema Marketing und die Bedeutung der einzelnen Sinnesformen für dieses. Zu Beginn des Kapitels wurde definiert was Marketing heißt. Zusammenfassend lässt sich festhalten, dass Marketing über den kompletten Produktlebenszyklus eines Produktes stattfindet und es nicht möglich ist kein Marketing zu betreiben. Marketing findet über alle Branchen hinweg statt und hat immer zum Ziel die Bedürfnisse des Konsumenten zu befriedigen. Dies geschieht indem Produkte und Waren zum Beispiel gegen Geld getauscht werden. Die klassische Kommunikation im Marketing erfolgt über Massenmedien und Außenwerbung. Die Online-Werbung hingegen kann über mehrere Wege erfolgen, so zum Beispiel über die Unternehmenswebsite. Anschließend wurden die fünf Sinnesmodalitäten in Bezug auf das Marketing erläutert. Dabei konnte festgestellt werden, dass die Sinnesmodalitäten in sehr komplexer Form angesprochen werden müssen, um einen eindeutigen Wiedererkennungswert für eine Marke zu schaffen. Im nachfolgenden Kapitel werden die einzelnen Sinneswahrnehmungen im Rahmen des multisensorischen Marketings gemeinsam betrachtet.

4 Multisensorisches Marketing und dessen Anwendung

Im folgenden Kapitel werden die zuvor einzeln beschriebenen sensorischen Codes zu einem gemeinsamen Konzept zusammengeführt. Dafür ist es notwendig, dass erläutert wird, was genau ein multisensorisches Marketing ist. Anschließend wird ein multisensorisches Markenkonzept für ein Gesellschaftsspiel entworfen.

4.1 Multisensorisches Marketing

Im vorherigen Kapitel wurde auf die Bedeutung der einzelnen sensorischen Codes im Zusammenhang mit dem Marketing eingegangen. Hagendorf (2011) schreibt, dass aus der Forschung bekannt ist, dass circa 90 % aller Marketingmaßnahmen darauf ausgerichtet sind, dass der Kunde diese sieht (S. 159). Dabei wird häufig nicht bedacht, dass die visuellen Informationen andere Sinne ansprechen (Bak, 2019, S. 18). Ein

Beispiel hierfür ist ein Urlaubsbild vom letzten Sommerurlaub. Bei der Betrachtung dieses Bildes kommt automatisch die Erinnerung an einen entspannten Tag am Strand. Der Geruch von Salz steigt einen in die Nase, auf dem Körper werden die warmen Sonnenstrahlen wahrgenommen, zwischen den Füßen kann der Sand gespürt werden und im Mund macht sich der Geschmack nach einer mediterranen Gemüsepfanne breit. Genau diese Aktivierung von Emotionen soll mit dem Konzept des multisensorischen oder multisensualen Marketings erreicht werden (Rupini & Nandagopal, 2015, S. 1). Von diesem Konzept des Sensory Branding machen seit langen Firmen wie Apple, Starbucks und Singapore Airlines gebrauch (Rupini & Nandagopal, 2015, S. 1). Um dieses Konzept beim Kunden anwenden zu können ist es notwendig, dass zeitgleich mehrere, im Idealfall alle fünf, Sinne die gleiche Botschaft erhalten und ein neuronaler Verstärker-Mechanismus im Gehirn entsteht (Häusel, 2014, S. 226). Dieser Mechanismus führt dazu, dass das Erlebte in unserem Bewusstsein zehnmal so stark wahrgenommen wird, wie wenn die einzelnen Sinne aufsummiert wahrgenommen werden würden (Lindstrom, 2014, S. 193). Nach Lindstrom (2014) und Häusel (2014) wird bei diesen Phänomen von der „Supperadditivität" und dem Konzept des Multisensory Enhancement gesprochen (Häusel, 2014, S. 226; Lindstrom, 2014, S. 193). Dieses Phänomen kann ebenso Gegenteil wirken, wenn die Sinneswahrnehmungen der einzelnen Kanäle als inkongruent vom dem Individuum wahrgenommen werden (Häusel, 2014, S. 227). Das Wahrgenommene kann so zum Beispiel durch andere Sinnesreize verfälscht werden (Schnödt, 2014, S. 41). So wird eine blau eingefärbter Cranberrysaft dem Konsumenten trotz dem typischen bitteren Geschmack der Cranberry eher nicht schmecken (Knoblich et al., 2003, S. 52). Lindstrom (2014) führt außerdem an, dass sich die Sinne gegenseitig unterschiedlich stark beeinflussen. Wie bereits in Kapitel 2 beschrieben wurde, gibt es eine starke Verbindung zwischen dem Geruchs- und Geschmackssinn. Gleichfalls sind die Sinne Hören, Sehen und Tasten in sich stark zusammenhängend (Lindstrom, 2014, S. 192).

Multisensorisches Marketing ist in jeder Branche zu finden (Rupini & Nandagopal, 2015, S. 2), aber nicht in jeder Branche muss jeder Sinn gleichstark angesprochen werden (Kilian, 2010, S. 43). Nach Kilian (2010) sind in der Lebensmittelbranche das Sehen, Riechen und Schmecken extrem wichtig, hingegen das Hören und Fühlen neutral. Wenn dies mit der Fahrzeugbranche vergleichen wird, zeigt sich, dass dort das Sehen sehr wichtig ist, Hören und Fühlen wichtig, das Riechen wird neutral betrachtet und das Schmecken ist extrem unwichtig (Wabro, 2011; zitiert nach Kilian, 2010, S. 43).

4.2 Ein multisensorisches Markenkonzept am Beispiel Gesellschaftsspiele

In diesem Abschnitt wird auf der Grundlage der vorangegangenen Erkenntnisse ein multisensorisches Markenkonzept erarbeitet. Als Beispiel soll ein Gesellschaftsspiel dienen, dass sich an dem Spiel „Sebastian Fitzek Safehouse – Bringt Euch in Sicherheit, solange Ihr noch könnt!" orientiert und mit eigenen Ideen der Autorin erweitert wird.

Das Spiel ist ein „kooperative Karten-Lauf-Spiel gegen die Zeit" (Sebastian Fitzek Safehouse, 2018). Der Produktbeschreibung ist zu entnehmen, dass im Zimmer 1904 eines Mittelklassehotels im Hafenviertel etwas Schreckliches passiert ist. Jedoch wurde der Täter beobachtet und ist nun hinter den Zeugen her. Der Täter ist recht schnell und ist meist nur wenige Schritte hinter den Zeugen. Im Verlauf der Zeit versuchen die Zeugen den Verfolger abzuschütteln um sicher im Safehouse anzukommen, dass sich am Ende eines Waldes befindet (Sebastian Fitzek Safehouse, 2018).

Dieses Spiel soll im Rahmen einer großen Spielemesse präsentiert werden und neue Kunden gewonnen werden. Der Besucher soll durch visuellen und auditive Gestaltungselemente auf den Messestand aufmerksam gemacht werden. Optisch ist der Messestand in dunklen Farben gehalten. Der Hintergrund des Messestandes zeigt verschiedene Bildausschnitte, die mit dem Spiel in Verbindung stehen. Die Zeichnungen stellen ein Hotelzimmer, ein Hafenviertel, einen Ausschnitt einer Stadt, einen Wald und das „Safehouse" dar. Weiterhin wird der Messestandbesucher akustisch mit einer düsteren Musik empfangen, die die Atmosphäre des Spiels verdeutlichen soll.

Neben einen Aufsteller mit dem Spiel gibt es im Bereich des Standes mehrerer Spieltische an dem das Spiel direkt durch den Besucher ausprobiert werden kann. Durch die Betreuung des Verlagsmitarbeiter findet jeder einen schnellen Einstieg in das Spiel und kann ohne langes Lesen der Spielanleitung das Spiel beginnen.

Nur durch die bisher genannten Elemente werden bereits die Sinneskanäle sehen, hören und fühlen angesprochen. Um ein ganzheitliches multisensorisches Konzept für den Messestand zu entwickeln, fehlen noch die beiden Kanäle riechen und schmecken. Um den Interessenten in die Umgebung des Safehouses zu versetzen und ihn ein sicheres Gefühl zu geben biete sich der Geruch nach Wald, zum Beispiel nach Tannen oder Fichten, an. Für den Geschmack könnten Fruchtgummis oder Schokoladenplättchen in der Form der Tatwaffen angeboten werden.

Nachdem nun die Rahmenbedingungen des Standes erläutert wurde, geht es an die Beschreibung des Spieles. Die Verpackung des Spieles enthält verschiedene visuelle Informationen. Auf den ersten Blick wird der Schriftzug des Spielnamens wahrgenommen. Dieser soll mit einem altern Thriller aus dem Kino in Verbindung gebracht werden und eine aufregende Grundstimmung verschaffen. Das gleiche Gefühl soll beim Anblick des Bildes beim Konsumenten hervorgerufen werden. Das Cover wird durch zwei große Bäume eingerahmt und ist recht dunkel gehalten. Weiterhin ist ein älteres Auto mit einer schwarzen Person zu sehen und eine andere Person, die mit angstverzogenem Gesicht in die Richtung des Safehouses rennt. An den Außenseiten der Schachtel befinden sich neben dem Schriftzug und dem Bild verschiedene Symbole, die den Kunden darüber informieren sollen, ob das Spiel für ihn geeignet ist. In den drei Symbolen wird dem Interessenten eine Information über die Spieldauer und die Spieleranzahl gegeben. Weiterhin wird ein Mindestalter für das Spiel empfohlen. Auf der Rückseite befinden sich neben dem Schriftzug und den Symbolen die Spielgeschichte sowie der Inhalt der Verpackung. Weiterhin wird das Spielbrett dargestellt an dem drei Personen sitzen. Durch dieses Szene wird visuell ein haptischer Effekt vermittelt (Hartmann & Haupt, 2014, S. 146). Insgesamt fühlt sich die Verpackung sehr samtig und weich an, dies ist eher unpassend für die aufladende und nervöse Stimmung, die das Bild und der Schriftzug vorgeben. Für einen besseren haptischen Effekt könnte die Schrift des Spiels mit einer anderen Folierung etwas abgehoben werden. Es würde sich zum Beispiel eine rauere Oberfläche anbieten. Nach dem Öffnen des Spielkartons strömt einen ein ganz leichter, kaum wahrnehmbarer´, Geruch nach Wald entgegen.

Das Spielbrett ist in der Form eines Buches gestaltet. Zu Beginn wird wieder ein Cover dargestellt, dass aus dem Schriftzug und einem Bild des Safehouses besteht. Nach dem Aufschlagen des Buches erhält der Spieler eine Einführung in die Geschichte, zum einen durch Text, bei dem die wichtigsten Worte farblich abgehoben werden und auf einer anderen Seite durch einen Comicstrip. Nach weiteren Umblättern erscheint der eigentliche Spielplan. Insgesamt dauert das Spiel 30 Minuten. Durch eine kleine Box, die auf das Spielbrett platziert wird, erhalten die Spieler eine akustische Untermalung. Dieser Sound orientiert sich an der düsteren Musik und ist entsprechend auf das jeweilige Kapitel „Hotelzimmer", „Hafen", „Stadt", „Wald" und „Safehouse" ausgerichtet. Während dieser Zeit erfolgt alle 2 Minuten ein Signalton in Form eines Hornes. Bei diesem Ton muss der Verfolger. Der Signalton soll außerdem die Spannung der Spieler steigern. Auf der letzten

Seite bzw. im letzten Kapitel öffnet sich anschließend ein in 3-D gestaltetes Haus, dass den sicheren Ort darstellt.

Die Spielkarten liegen angenehm in der Hand und geben dem Spieler dadurch ein gutes und sicheres Gefühl während es Spieles. Die einzelnen Ermittlungsobjekte, sowie die beiden Spielfiguren „Verfolger" und „Zeuge" sind als Zinnfiguren gestaltet. Dies lässt den Spieler an früherer Spielabende mit der Familie zurückdenken und verschafft wiederum ein positives Gefühl.

Für das Spiel gibt es verschiedene Spielvarianten, die sich in Schwierigkeitsgrade aufteilen. Mit der leichten Spielvariante und einer guten Kommunikation untereinander kann ein positives Spielerlebnis bei allen Spielern geschaffen werden und dadurch eine Bindung an den Verlag und/oder den Spieleautor erfolgen.

Im nachfolgenden Kapitel werden die bereits gewonnenen Erkenntnisse diskutiert.

5 Grenzen des multisensorischen Marketings im Internet

Der Mensch lebt in einem digitalen Zeitalter. Mittlerweile wird an Online-Universitäten studiert, der Partner fürs Leben kann bereits seit längerer Zeit im Internet gefunden werden, durch die sozialen Medien ist der Mensch mit Freunden auf der ganzen Welt vernetzt. So manch einer hat sich in einen Online-Game eine zweite Identität aufgebaut (Fischer, Wiessner & Bidmon, 2011, S. 175). Und zweijährige können bereits einen Tabletcomputer und das Smartphone bedienen. Da stellt sich die Frage, wie das mit der Multisensorik im Internet aussieht. Ist es möglich, dass in der Online-Kommunikation ein multisensorisches Marketing stattfindet? Aus den bisherigen gewonnenen Daten in dieser Arbeit, kann erst mal geschlossen werden, dass es nicht möglich ist ein multisensuales Marketing im Internet zu integrieren. Schließlich können nur die Sinneskanäle Hören und Sehen angesprochen werden. Briesemeister hat 2016 hingegen in einen Blogartikel behauptet, dass multisensorisches Marketing auch Online möglich ist. Bevor diese Aussage diskutiert wird, wird noch einmal angeschaut, was das Ziel multisensorischen Marketings ist.

Das Ziel von Sinneserfahrungen im Marketing ist, dass die ausgelösten Emotionen und Gefühle eine impulsive Entscheidung fördern (Pawaskar & Goel, 2014, S. 265) und gleichzeitig die Wiedererkennung der Marke oder des Produktes deutlich gesteigert wird (Nölke & Gierke, 2011, S. 21). Umso wichtiger ist es, dass der erste Kontakt mit einer

Marke in einem multisensorischen Umfeld geschieht. Nölke und Gierke (2011) beschreiben, dass eine einmal multisensorisch gelernte Marken-(Botschaft) durch das Gehirn abgespeichert wird und im Anschluss nur noch ein Sinneskanal angesprochen werden muss, um diese multisensorische Erinnerung wieder hervorzurufen (S. 22). Zusammengefasst heißt das, dass die innere Vorstellungskraft des Kunden aktiviert werden soll und das Gehirn aufgefordert wird assoziativ zu arbeiten (Briesemeister, 2016; Kilian, 2010, S. 47).

Aus den bisherig gewonnen Ergebnissen dieser Arbeit kann ein bei einem Erstkontakt im Internet dies nicht erreicht werden. Gründe hierfür sind, dass im Internet meistens nur der visuelle Sinneskanal angesprochen wird und selten eine Reizung der akustischen Sinnesmodalitäten stattfindet. Um dies zu verdeutlichen wird im nachfolgenden ein Beispiel aus dem Wintersport vorgestellt.

Ein Nutzer bekommt die Werbung des Tourismusverbands Oberstdorf Allgäu im Internet angezeigt. In dieser Anzeige wird in mehreren Bilden die schöne Landschaft rund um Oberstdorf gezeigt. Das Nebelhorn im strahlenden Sonnenschein, Skifahren am Fehlhorn und Essen auf einer Alm, sowie Kinder, die ihre ersten Erfahrungen auf Skiern am Söllereck genießen.

Menschen, die noch keine Berührungspunkte mit dem Wintersport hatten, können durch diese einladenden Bilder und deren verstärkenden Texten die Werbung nur wenig nachvollziehen. Es fehlen einfach die bisherigen Erfahrungen. Obwohl durch die Sonne eine gewisse Wärme transportiert wird (haptischer Reiz), das Essen die Geschmackssinne anregt (olfaktorische und gustatorische Reize) und die Kinder ein Gefühl von Spaß und Freude (akustische Reize) vermitteln (Hartmann & Haupt, 2014, S. 148, 2014, S. 148, 2014, S. 149, 2014, S. 142, 2014, S. 144, 2014, S. 146). Hingegen sieht dies bei wintersportbegeisterten Menschen ganz anders aus. Auch ohne eine Bindung zu diesem Wintersportgebiet werden Assoziationen mit anderen Winterurlauben hervorgerufen. Und diese Emotionen und Gefühle können einen Besuch der Region Oberstdorf Allgäu begünstigen.

Die Wahrscheinlichkeit, dass der erste Nutzer ohne Wintersporterfahrung an den Point of Sale in Oberstdorf kommt ist deutlich geringer, als beim zweiten Nutzer. Beide Nutzer werden aufgrund der 2D-Erfahrung eine Reiseentscheidung treffen. Bei beiden Nutzern wurden gewisse Erwartungen geweckt, die durch das Unternehmen bzw. den Tourismusverband in diesem Fall erfüllt werden müssen, damit tatsächlich ein positives multisensorisches Markenerlebnis stattfindet und der Besuch das Markenimage stärkt (Pawaskar & Goel, 2014, S. 264).

Nach der Meinung der Autorin wird mit diesem Beispiel zwar gezeigt, dass Marketing im Internet den Nutzer ansprechen kann, aber nur wenn bestimmte Voraussetzungen erfüllt sind. Im Bereich des Neuromarketings konnte gezeigt werden, dass Assoziationen die entsprechenden sensorischen Gehirnareale aktivieren. Dies ist aber kein multisensorisches Markenerlebnis. Multisensorische Markenerlebnisse sind nur in der realen Welt möglich. Dies wird auch durch die vielen „Digital wird Real"-Events von Unterschiedlichen Plattformen, wie Instagram oder Xing gezeigt.

6 Fazit und Ausblick

Zu Beginn der Arbeit wurde das Produkt NIVEA Sensual erwähnt und die Fragen gestellt, was eigentlich ein multisensorisches Erlebnis ist und was die anderen Sinne, außer der Haut, mit diesem Produkt verbinden. NIVEA Sensual ist eine Pflegelotion für den Körper und spricht somit in erster Linie die haptischen Sinnesmodalitäten an. Aufgrund des Design mit dem typischen NIVEA Markenlogo und der hellblauen Farbe der Verpackung spricht dieses Produkt die visuellen Sinne an und hat einen eindeutigen Wiedererkennungswert. Dazu kommt, dass auf jedem Produkt ein die Blüte des entsprechenden Dufts abgebildet ist. Für den akustischen Sinn hat die NIVEA Flasche das typische Ploppen. Der olfaktorische Reiz wurde bereits erwähnt. Damit spricht dieses Produkt insgesamt vier Sinne an und ist ein multisensorisches Erlebnis für den Kunden.

In der Arbeit konnten die Grundlagen zum Thema Sensorik in zwei Schritten gut erarbeitet werden. Im ersten Schritt haben diese sich auf die physischen Grundlagen bezogen, im zweiten Teil ging es dann um die gezielte Anwendung im Marketing. Eine weitere Anforderung der Arbeit war zu erläutern, was unter multisensorischen Marketingverstanden wird und ein multisensorisches Markenkonzept zu entwickeln. Beides wurde auf der Grundlage der Theorie erarbeitet. In der Diskussion wurden weiterhin die Grenzen des Online-Marketings in dessen Bezug aufgezeigt.

In der Literatur finden sich Hinweise, dass die Motivation und die aktuellen Emotionen deutlichen Einfluss auf die Wahrnehmung haben. Im Bezug auf das multisensorische Marketing finden sich hierfür keine Untersuchungen. In zukünftigen Forschungen könnte untersucht werden, welchen Einfluss die aktuelle Motivation und die aktuellen

Emotionen auf die Wahrnehmung des multisensorischen Markenkonzepts haben. Ein weiteres Forschungsfeld könnte die Erwartungen von Konsumenten und deren Beeinflussung der Wahrnehmung des multisensorischen Markenkonzeptes sein.

Literaturverzeichnis

Bak, P. M. (2019). *Werbe- und Konsumentenpsychologie. Eine Einführung* (2.). Stuttgart: Schäffer-Poeschel Verlag.

Becker-Carus, C. & Wendt, M. (2017). *Allgemeine Psychologie. Eine Einführung* (2.). Berlin: Springer. https://doi.org/10.1007/978-3-662-53006-1

Brasel, S. A. & Gips, J. (2014). Tablets, touchscreens, and touchpads. How varying touch interfaces trigger psychological ownership and endowment. *Journal of Consumer Psychology*, (24), 226–233.

Briesemeister, B. B. (2016, 13. Juni). *Multisensorik im Online-Marketing*. Zugriff am 24.12.2019. Verfügbar unter https://de.ryte.com/magazine/multisensorik-im-online-marketing

Chaudhari, N., Landin, A. M. & Roper, S. D. (2000). A metabotropic glutamate receptor variant functions as a taste receptor. *Nature Neuroscience*, *3*(2), 113–119. https://doi.org/10.1038/72053

Fischer, K. P., Wiessner, D. & Bidmon, R. K. (2011). *Angewandte Werbepsychologie in Marketing und Kommunikation*. Berlin: Cornelsen.

Gerrig, R. J. (2016). *Psychologie* (20.). Hallbergmoos: Pearson.

Goldstein, E. B. (2010). *Wahrnehmungspsychologie. Der Grundkurs* (7.). Berlin: Springer.

Hagendorf, H. (2011). Wahrnehmung. In H. Hagendorf, J. Krummenacher, H.-J. Müller & T. Schubert (Hrsg.), *Wahrnehmung und Aufmerksamkeit. Allgemeine Psychologie für Bachelor* (S. 11–175). Berlin: Springer.

Hagendorf, H., Krummenacher, J., Müller, H.-J. & Schubert, T. (2011). Wahrnehmung und Aufmerksamkeit. Gemeinsam zum Ziel. In H. Hagendorf, J. Krummenacher, H.-J. Müller & T. Schubert (Hrsg.), *Wahrnehmung und Aufmerksamkeit. Allgemeine Psychologie für Bachelor* (S. 1–10). Berlin: Springer.

Hartmann, O. & Haupt, S. (2014). *Touch! Der Haptik-Effekt im multisensorischen Marketing*. Freiburg: Haufe-Lexware.

Häusel, H.-G. (2014). *Brain View. Warum Kunden kaufen* (3.). Freiburg: Haufe-Lexware.

Henning, H. (1915). Der Geruch. *Zeitschrift für Psychologie*, (73), 161–257.

Kiesel, A. & Koch, I. (2018). Wahrnehmung und Aufmerksamkeit. In A. Kiesel & H. Spada (Hrsg.), *Lehrbuch Allgemeine Psychologie* (4., S. 35–120). Bern: Hogrefe.

Kilian, K. (2010). Multisensuales Marketing. Marken mit allen Sinnen erlebbar machen. *transfer Werbeforschung & Praxis*, *56*(4), 42–48. Zugriff am 22.12.2019. Verfügbar unter http://www.brandstrategygroup.de/texte/transfer_kilian_multisensuales-marketing_4_2010.pdf

Knoblich, H., Scharf, A. & Schubert, B. (2003). *Marketing mit Duft* (4.). München: Oldenbourg Wissenschaftsverlag.

Kotler, P., Armstrong, G., Wong, V. & Saunders, J. (2011). *Grundlagen des Marketings* (5.). München: Pearson.

Kroeber-Riel, W., Weinberg, P. & Gröppel-Klein, A. (2009). *Konsumentenverhalten* (9.). München: Vahlen.

Lindstrom, M. (2014). Making Sense. Die Macht des multisensorischen Brandings. In H.-G. Häusel (Hrsg.), *Neuromarketing. Erkenntnisse der Hirnforschung für Markenführung, Werbung und Verkauf* (3., S. 183–193). Freiburg: Haufe-Lexware.

Meffert, H., Burmann, C., Kirchgeorg, M. & Eisenbeiß, M. (2019). *Marketing. Grundlagen markenorientierter Unternehmensführung Konzepte - Instrumente - Praxisbeispiele* (13.). Wiesbaden: Springer Gabler. https://doi.org/10.1007/978-3-658-21196-7

Myers, D. G. (2014). *Psychologie* (3.). Berlin: Springer. https://doi.org/10.1007/978-3-642-40782-6

Nölke, S. V. & Gierke, C. (2011). *Das 1x1 des multisensorischen Marketings. Multisensorisches Branding: Marketing mit allen Sinnen Umfassend. Unwiderstehlich. Unvergesslich.* Köln: comevis.

Pawaskar, P. & Goel, M. (2014). A Conceptual Model. Multisensory Marketing and Destination Branding. *Procedia Economics and Finance*, (11), 255–267. https://doi.org/10.1016/S2212-5671(14)00194-4

Raab, G., Gernsheimer, O. & Schindler, M. (2013). *Neuromarketing. Grundlagen - Erkenntnisse - Anwendungen* (3.). Wiesbaden: Springer Gabler.

Röttig, B. (2019). Für alle Sinne. Gold: Nivea Sensual Pflegelotion Kokosnuss & Monoi-Öl / Beiersdorf. *Lebensmittel Praxis*, (19), 82. Zugriff am 10.12.2019. Verfügbar unter https://www.wiso-net.de/document/LP__47A181CFDC307D5858DC6B25F09B3351

Rupini, R. & Nandagopal, R. (2015). A Study on the Influence of Senses and the Effectiveness of Sensory Branding. *Journal of Psychiatry, 18*(2), 1–7. https://doi.org/10.4172/1994-8220.1000236

Scharf, A. (2000). *Sensorische Produktforschung im Innovationsprozess*. Stuttgart: Schäffer-Poeschel Verlag.

Scharf, A., Schubert, B. & Hehn, P. (2015). *Marketing. Einführung in die Theorie und Praxis* (6.). Stuttgart: Schäffer-Poeschel Verlag.

Schnödt, D. (2014). *Inszenieren Verführen Mehr Verkaufen. Ladengestaltung mit Multisensualem Marketing*. Frankfurt am Main: Deutscher Fachverlag.

Sokolowski, K. (2013). *Allgemeine Psychologie für Studium und Beruf*. Hallbergmoos: Pearson.

Spaeth, A. (2013). *Verduftet*. Zugriff am 31.12.2019. Verfügbar unter https://www.airliners.de/verduftet/30413

Spering, M. & Schmidt, T. (2009). *Allgemeine Psychologie kompakt. Wahrnehmung - Aufmerksamkeit - Denken - Sprache*. Basel: Beltz.

Strobach, T. & Wendt, M. (2019). *Allgemeine Psychologie. Ein Überblick für Psychologiestudierende und -interessierte*. Berlin: Springer. https://doi.org/10.1007/978-3-662-57570-3

Wabro, M. (2011). Zentrale Einflussfaktoren zur Gestaltung multisensualer Sinnesreize. In K. Kilian (Hrsg.), *Multisensuale Markenkommunikation. Grundlagen - Innovative Ansätze - Praktische Umsetzung*. Wiesbaden: Springer.

Wendt, M. (2014). *Allgemeine Psychologie. Wahrnehmung*. Göttingen: Hogrefe.